AF562607

CHANSONS

DE

LOUIS FESTEAU.

Tiré à 20,000 ex.

PARIS,

DESBLEDS, ÉDITEUR,

Rue des Grands Augustins, 26.

1839.

Chansons

DE

LOUIS FESTEAU.

L'HOMME ET LES DEUX ANGES.

AIR : *de la Fée* (de Béranger).

ou AIR : d'*Asmodée* (de Louis Festeau).

rès de la crèche où l'homme vient au monde
our se traîner vers le mal ou le bien ,
atan envoie un ange au cœur immonde,
t l'Eternel place un ange gardien ;
lors que l'un, guidé par la colère ,
ur l'innocent fait peser un fléau,
'autre soudain , de l'enfant au berceau
orte les cris doit au cœur d'une mère.
ans sa bonté le divin Créateur
mis un baume auprès d'une douleur

Mais bientôt L'HOMME, abordant le théâtre
Où s'accomplit le drame de ses jours,
Aux durs labeurs, son bras opiniâtre,
Arrache à peine un passager secours.
Quand sous le faix des travaux mercenaires.
L'ange du mal le tourmente et l'abat:
L'ange du bien, couronne son grabat
De frais pavots et de douces chimères

Dans sa bonté, le divin Créateur
A mis un baume auprès d'une douleur.

L'HOMME entraîné par son sang qui bouillonne,
Et par ce Dieu qu'on appelle : HASARD,
Aux vents, aux flots follement s'abandonne,
Ou va défendre un sanglant étendart,
Le noir Esprit vient frapper sa mémoire,
Et de périls et de vaines frayeurs:
Pour l'arracher à de lâches terreurs
L'ange a ses yeux fait rayonner la gloire.

Dans sa bonté, le divin Créateur
A mis un baume auprès d'une douleur.

Epouvanté — L'HOMME au tiers du voyage,
Sous chaque pas aperçoit un écueil,
Bien jeune encor, son chancelant courage
Rêve déjà le repos du cercueil.
L'ange perfide en ulcérant son âme,

Indique une arme à ses tremblantes mains ;
L'ange du ciel le rattache aux humains
En le poussant dans les bras d'une femme.

Dans sa bonté, le divin Créateur
A mis un baume auprès d'une douleur.

L'HOMME au milieu des épreuves humaines
Voit par degré s'affaiblir sa vigueur,
Un sang moins chaud s'infiltre dans ses veines,
Chaque minute ôte un prisme au bonheur.
Lorsque l'enfer sur sa couche le lie,
L'ange l'entoure en calmant ses soupirs
De vieux flacons, d'amis, de souvenirs
Et d'heureux fils que l'amour multiplie.

Dans sa bonté, le divin Créateur
A mis un baume auprès d'une douleur.

De cette vie ayant gravi la cime,
L'HOMME effrayé mesure la hauteur,
Pris de vertige, entrainé vers l'abîme,
Des mains il cherche un rameau protecteur ;
Quand le démon sous sa griffe cruelle
Tient l'âme en peine et meurtrit sa prison,
L'ange, du doigt lui montre à l'horizon
Et l'espérance et la vie éternelle.

Dans sa bonté, le divin Créateur
A mis un baume auprès d'une douleur.

UN JOUR DE PLAISIR.

Air : *du Calife de Bagdad.*

Est-ce un bien, quand la providence
Nous donne la longévité ?...
Amis! la plus longue existence
N'est qu'un point dans l'immensité ;
Quand les dieux jettent leurs largesses,
Jouissons en criant : liesses !
Tous les trésors de l'avenir
Valent-ils un jour de plaisir ?...

L'hiver en passant sur nos têtes
Sème le givre et le trépas,
Cueillons, pour embellir nos fêtes,
Les fleurs qui naissent sous nos pas
Flore en nos champs les éparpille ;
Du temps devançons la faucille.
Tous les trésors de l'avenir
Valent-ils un jour de plaisir ?...

Le sort, au vase del'ivresse,
Mit plus d'absinthe que de miel;
Trompons sa malice traîtresse,
Cherchons le nectar sous le fiel,
Buvons! qu'importe si le vase
Se brise au milieu d'une extase!...
  Tous les trésors de l'avenir
  Valent-ils un jour de plaisir?

Pour bâtir un palais durable
On marie et le marbre et l'or...
Mortel! tu fondes sur le sable,
Nous dit Saturne en son essor,
Puis il balaie avec son aile
Palais, lambris, marbre et tourelle...
  Tous les trésors de l'avenir
  Valent-ils un jour de plaisir?

Pourquoi caresser le fantôme
Qui berce et qui leurre les fous...
L'ESPOIR est un subtil atôme
Qui dans l'air nage autour de nous,
C'est une lueur invariable,
Une ombre éphémère, impalpable..
  Tous les trésors de l'avenir
  Valent-ils un jour de plaisir?

Le PLAISIR, c'est un divin baume,
C'est l'orgie où la raison fuit,
C'est le bouquet qui nous embaume,
C'est un doux rêve dans la nuit.
Le PLAISIR, c'est un dieu qui passe
C'est l'éclair sillonnant l'espace ..

Tous les trésors de l'avenir
Valent-ils un jour de plaisir?

Savourons auprès d'une femme
Les poisons de la volupté,
Laissons errer, bondir notre ame
Sur les lèvres de la beauté;
Dût cette âme heureuse et sans crainte
S'anéantir dans une étreinte...

Tous les trésors de l'avenir
Valent-ils un jour de plaisir?..

Pendant que les maux, la misère
Tissent, cousent notre linceul,
Fêtons, comme une passagère,
La Joie assise à notre seuil;
Lorsqu'elle entre en notre retraite,
Amis! le sablier s'arrête...

Tous les trésors de l'avenir
Valent-ils un jour de plaisir?

Demain, ce jour que l'on envie
Peut n'éclairer qu'un front glacé,
Demain, des tables de la vie
Notre nom peut être effacé :
Dieu n'inscrit pas sur un nuage
Le but, le terme du voyage...

Tous les trésors de l'avenir
Valent-ils un jour de plaisir ?...

LE DÉFI.

Musique par l'auteur des paroles,

ou AIR : *du Passe-partout.*

En respectant le sceptre des despotes
Nous n'avons eu que le frein de l'honneur ;
Sultans du Nord, jamais les patriotes
N'ont élevé des autels à la peur !...
Jettez le gant sur l'arène sanglante,
De le saisir tous nos cœurs seront fiers ;
Qu'attend encor votre haine prudente ?
Venez donc (*bis*) nous apporter des fers !

Quoi ! nous verrions sur nos vieilles façades
Graver encor les armes d'un poltron ?

Quoi! l'on viendrait au sein des barricades
Introniser l'homme de *Quiberon*?
Pour repousser la race anti-française,
Pour déjouer les complots des pervers,
La France en chœur redit la Marseillaise :
Venez donc (*bis*) nous apporter des fers!..

Auprès des rois qui possèdent un trône,
Allez quêter, illustres mendians!
Ramenez-les conquérir la couronne
Qu'on arracha de vos fronts pâlissans.
France, bientôt tu seras sans rivales!
Rois, nous brûlons d'effacer nos revers,
Pour nous rouvrir toutes vos capitales,
Venez donc (*bis*) nous apporter des fers!..

Tyrans! en vain vous coujurez la foudre,
En écrasant tout généreux espoir,
Ignorez-vous qu'en comprimant la poudre
On peut tripler, centupler son pouvoir?
Pour renverser l'arbre chronologique,
Pour réveiller, embraser l'Univers,
Nous recélons l'étincelle électrique!
Venez-donc (*bis*) nous apporter des fers!..

Quand l'aigle blanc fuit les serres cruelles
Dont l'étreignait l'orgueilleux Roc* du nord.

* Oiseau gigantesque et fabuleux des Arabes.

Sur lui le coq étend ses larges aîles :
Ils sont unis à la vie à la mort !
Aux Dieux vengeurs il faut une hécatombe,
Baskirs ! Kalmouks ! les chemins sont ouverts.
Le doigt de Dieu vous pousse vers la tombe :
Venez donc (*bis*) nous apporter des fers !

Pour vous fêter, le salpêtre s'allume :
Au gré des vents flottent nos étendards ;
Le lourd marteau fait retentir l'enclume ;
L'airain mortel hérisse nos remparts.
La liberté veille auprès de sa lance ;
Le fier clairon au loin frappe les airs ;
Le glaive attend !... la foudre se balance !...
Venez donc (*bis*) nous apporter des fers !

MAXIMES ÉPICURIENNES.

AIR : *Tendres échos errans dans ces vallons*
En soupirant répétez mes chansons.

Fesons asseoir aux banquet de nos jours
Et la folie et les riants amours.
Petit acteur d'un drame merveilleux,
Toi, qu'on remarque à peine dans la pièce,

A ton début prends un rôle joyeux,
Parmi les fous, la folie est sagesse.
Fesons asseoir au banquet de nos jours
Et la folie et les rians amours.

Mortel, remplis ton saint apostolat,
Laisse à vau-l'eau couler ton existence;
Tes doigts-enfans ont souscrit un mandat
Dont tu n'as pas indiqué l'échéance.
Fesons asseoir au banquet de nos jours
Et la folie et les rians amours.

Amis, le Temps vole, fauche, et détruit;
A jouir vite, hélas il nous oblige.
Puis, le bonheur est un céleste fruit
Qui pousse et meurt sur une frêle tige.
Fesons asseoir au banquet de nos jours
Et la folie et les rians amours.

Pour enrichir de vieux jours incertains,
L'industriel sans-cesse amasse et compte:
Dans ses calculs, tout à coup les destins
Par un zéro viennent fermer son compte.
Fesons asseoir au banquet de nos jours
Et la folie et les rians amours.

Sur le vélin, jeune et timide amant,
Pourquoi jurer d'être à jamais fidèle?

A peine écrit, ton amoureux serment
Est par l'amour effacé d'un coup d'aile.
Fesons asseoir au banquet de nos jours.
Et la folie et les rians amours.

Pauvre harpagon! pour des parens ingrats,
Tu vis de peu, tu sèches d'abstinence
Tes successeurs, comme un essaim de rats,
Gaspilleront ton grenier d'abondance.
Fesons asseoir au banquet de nos jours,
Et la folie et les rians amours.

Cerclés d'amis, dépensons nos deniers
Sans mesurer les plaisirs à la dose;
Lorsqu'on n'a rien, au moins les héritiers
A notre mort pleurent pour quelque chose.
Fesons asseoir au banquet de nos jours
Et la folie et les rians amours.

Au jour le jour prenant le bien, le mal,
Le gai *viveur* sans soins ni fantaisie
Voit sans regrets se briser le cristal
Dont il a bu l'absynthe et l'ambroisie.
Fesons asseoir au banquet de nos jours
Et la folie et les rians amours.

Qu'est-ce au total que la vie ici bas?
C'est un billet que le hasard nous tire :

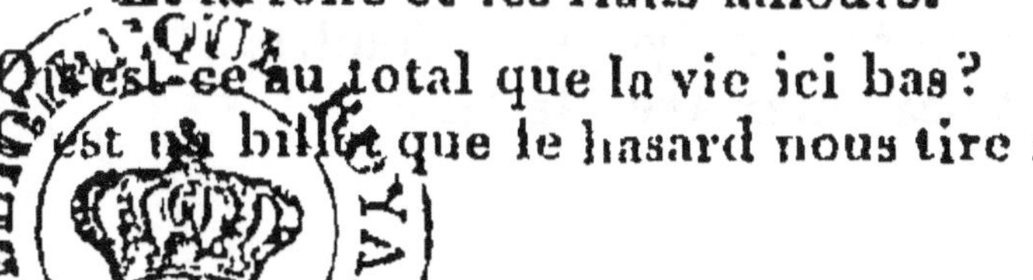

C'est un sentier où s'effacent nos pas :
C'est un feuillet que le destin déchire!...
Fesons asseoir au banquet de nos jours
Et la folie et les riants amours.

LE FEU.

Musique par l'auteur des paroles.

ou Air : *du Carnaval* (de Béranger).

Pourquoi risquer, ô jeunesse imprudente,
Les jours nombreux que vous promit le sort?
Et pour un geste, une parole ardente,
A pair ou non jouer avec la mort...
Ecoutez bien ce que ma tante Elise
Me répétait en me grondant un peu :
« Crains, cher enfant, de faire une sottise;
« Il ne faut pas jouer avec le feu.

Pontife orné de la triple couronne,
Chez les Romains gouverne avec bonté,
Ne compromets ni ta vieille personne,
Ni ton brevet d'infaillibilité ;
Avec douceur, Pape, il faut nous absoudre,
Qu'obtiendrais-tu des carreaux du vrai Dieu ?
Tous les savans analysent la foudre...
Il ne faut pas jouer avec le feu.

Sexe charmant qui, par étourderie,
Lancez sur nous les résaux de l'amour :
Ne riez pas... car la coquetterie
Doit par le sort être punie un jour ;
En attisant le brasier qui dévore,
La main se brûle, et l'on maudit le jeu,
Belles! le cœur recèle du phosphore :
Il ne faut pas jouer avec le feu.

Toi, qui du haut de ta noble tannière,
Troubles l'Ouest par le meurtre et l'effroi.
Songe au Trois Jours, songe à *la Pénissière*,
Songe à l'exil qui pèse sur ton Roi,
Il ne faudrait pour renverser ton gîte,
Qu'une étincelle et le fusil d'un *Bleu* :
Aux vieux manoirs la flamme prend si vite!..
Il ne faut pas jouer avec le feu.

Jeune écrivain dont l'âme indépendante
A la patrie offre d'heureux tributs,
Dans les combats de ta plume éloquente,
Sape l'erreur et flétris les abus,
Que le flambeaux de ta raison hardie
Soit un fanal qui nous guide en tout lieu,
Mais, garde-toi d'allumer l'encendie!...
Il ne faut pas jouer avec le feu.

Peuple du Nord, toi qui de loin convoites
Nos champs fleuris et nos cieux si brillans,
Toi qui, d'avance, en perspective exploites
Nos frais minois et nos vins pétillans :
Tu veux chez nous vaincre et régner en maître?
Tremble ! en voyant le ciel remplir ton vœu ;
Le sol français produit bien du salpêtre :
Il ne faut pas jouer avec le feu.

LES MÉTAMORPHOSES DU DIABLE.

Air : *A l'eau! à l'eau!*

Voilà la porteus' d'eau.

Cachant sa queue et son visage
Ainsi que son ergot pointu,
L'ange du mal guette au passage
Les cœurs soumis à la vertu ;
Pour les perdre, son corps difforme
Change de couleur et de forme,
Mortels craignez un piège affreux
Dans tout ce qui charme vos yeux.
Satan (bis.)
Est là qui vous attend.

En tirant l'aiguille, Grisettes,
N'allez pas d'un regard jaloux
Detailler les riches toilettes
Que Phryné traîne près de vous,
Pour séduire une jeune femme
Les yeux sont le chemin de l'âme :
Que de beautés vinrent faillir
Sur des coussins de Kachemyr.
Satan (bis)
Est-là qui vous attend.

Ecoliers, rompant vos lisières,
Fuyez les nocturnes attraits
De ce fol essaim de courtières
Vendant l'amour... et les regrets.
Quand le jour s'enfuit devant l'ombre,
Dans les détours d'un couloir sombre,
Une voix vient vous appeler,
Une main vient vous cajoler...
Satan (bis)
Est-là qui vous attend.

Jeune échappé du Séminaire,
Visant au chapeau cardinal,
Tremblez qu'un sentiment vulgaire
N'assiste au confessionnal;
Alors que d'innocentes filles
Vous racontent leurs peccadilles,

Pour mettre en révolte la chair,
Et jetter un âme à l'enfer.
Satan (bis)
Est-là qui vous attend.

Automates à face humaine,
Manouvrier, gagne-petit,
Dont l'humble gain de la semaine
Calme tout au plus l'appétit,
Fuyez ces boutiques ornées
De billets, de louis, de guinées,
Pour éveiller la faim qui dort,
Au fond d'une sebile d'or,
Satan (bis)
Est-là qui vous attend.

O vous pécheurs et pécheresses
Que le diable a fait trébucher,
Souvenez-vous qu'un cent de messes
Au démon peut vous arracher;
Lavez vos taches au plus vite
Dans une cuve d'eau bénite,
Car je suis sûr qu'à votre seuil
En tricorne, en habit de deuil
Satan (bis)
Est-là qui vous attend.

IMPRIMERIE DE P. BAUDOUIN,
Rue Mignon, 2.

Le même auteur et le même éditeur viennent de faire paraître un fort joli Recueil contenant **120** Chansons, **32** Airs gravés, **4** Vignettes sur bois, et une **Préface de Michel Raymond.**

Édition plébéienne tirée à 20,000 exemplaires.

Prix : **1** fr. **50** c.

Pour paraître très prochainement :

LES ÉGRILLARDES,

Chansons et **Musique** du même auteur,

1 joli vol. grand in-32

orné de 12 Vignettes sur acier.

www.ingramcontent.com/pod-product-compliance
Lightning Source LLC
LaVergne TN
LVHW010314230826
846091LV00007B/3146

* 9 7 8 2 0 1 9 2 5 5 7 1 8 *